Fünf Thesen zur Klimapolitik

Vortragsreihe
„Freiheit, Verantwortung und
Vernunft"

Heft 1

Lothar Thürmer

Fünf Thesen zur Klimapolitik

Bibliografische Information der Deutschen
Nationalbibliothek:
Die Deutsche Nationalbibliothek verzeichnet diese
Publikation
in der Deutschen Nationalbibliografie;
detaillierte bibliografische
Daten sind im Internet über http://dnb.de abrufbar.

© 2020 Lothar Thürmer
Herstellung und Verlag:
BoD – Books on Demand, Norderstedt

ISBN: 978-3-7494-2209-8

Vorwort

Am Ende geht unser Planet in einem Inferno unter: Er wird buchstäblich „verbrennen". Dann nämlich, wenn sich die Erde ins Feuer der ebenfalls sterbenden Sonne stürzt. Bis dahin werden aber noch Milliarden Jahre vergehen.

Können wir jetzt aufatmen? Nur ein bisschen. Denn noch in diesem Jahrhundert könnte der Beginn einer „Heißzeit" drohen!

Dieses Heft enthält einen Vortrag, den ich am 3. August 2020 vor dem Rotary Club Schwabmünchen gehalten habe. Die Resonanz darauf hat mich zu einer Veröffentlichung ermutigt.

Ausgangspunkt für meine Überlegungen ist die Feststellung: China und die USA ringen wirtschaftlich und technologisch, politisch und militärisch um die Vorherrschaft in der Welt. Das Endspiel um die Macht hat längst begonnen. Europa droht eine geopolitische Marginalisierung.

Vor allem Deutschland investiert seit langem zu wenig in seine Sicherheit. Aber an anderer Stelle wollen wir ganz vorne sein: bei der Rettung unseres Planeten vor der Klimakatastrophe.

Etwas zynisch könnte man fast schon sagen: Wir strengen uns an, damit die Welt, die die Supermächte beherrschen wollen, bewohnbar bleibt.

Gewiss, unser Sonderweg verdient in gesinnungsethischer Hinsicht größten Respekt. Aber ist er auch verantwortungsethisch begründet, und ist er klug?

Jedenfalls braucht erfolgreiche Politik „Leidenschaft, Verantwortungsgefühl und Augenmaß" (Max Weber).

Friedberg, im August 2020

Fünf Thesen zur Klimapolitik

Globaler Klimaschutz ist sinnvoll und notwendig

Klimaschutz ist technisch möglich

Wir müssen mit der Erderwärmung leben

Ein deutscher Alleingang macht keinen Sinn

Wir brauchen eine neue Klima-Realpolitik

Erste These: Globaler Klimaschutz ist sinnvoll und notwendig

Längst sind sie zu spüren, die Auswirkungen des Klimawandels – auch bei uns.

So hat Deutschland in den beiden letzten Jahren unter extremer Trockenheit gelitten.
Wir können jetzt sehen, wie ganze Waldökosysteme zusammenbrechen.
Stürme häufen sich.
Und das Bruchholz begünstigt zusammen mit warmen Wintern den Borkenkäfer-Befall.

Seit Wochen brennen Wälder nördlich des Polarkreises.

Besonders betroffen ist Sibirien,
wo Spitzentemperaturen von 38
Grad Celsius gemessen wurden
und extreme Trockenheit herrscht.

Ähnliches haben wir erst vor
einigen Monaten bei den großen
Feuern in Australien gesehen, die
auf das wärmste und trockenste
Jahr in der australischen
Geschichte folgten.

Trotz solch unübersehbarer
Veränderungen des
Wettergeschehens verharmlosen
manche den Klimawandel noch
immer.
Der sei nur eine „Erfindung der
Chinesen".
Und wenn es ihn doch geben
sollte, dann sei er nicht
menschengemacht.

Auf der anderen Seite gibt es so etwas wie eine „Klima-Panik".
Und die mündet in der Forderung, wir müssten sofort und vollständig aus der fossilen Energie aussteigen.
Aber: „Angst vor der Klima-Apokalypse hilft uns nicht" (Stefan Brunnhuber).

Nüchtern betrachtet, jenseits von Angst und Verharmlosung, steht fest:

- Es gibt den menschengemachten Klimawandel.
- Er wird befeuert durch Treibhausgase - nicht nur, aber vor allem durch den Ausstoß von Kohlenstoffdioxid (CO_2).

- Der wichtigste Grund dafür: die Verbrennung fossiler Energieträger.

Ab einer bestimmten Erwärmung der Erde könnten wir sogar die Kontrolle über die weitere Entwicklung verlieren.

Schon jetzt sind natürliche Prozesse in Gang gekommen, die die Erwärmung beschleunigen:

- So taut der Permafrost auf, Methan entweicht - ein effizientes Treibhausgas.
- Auch die Gletscher schrumpfen, und das Meereis schmilzt. Dadurch werden die Erde und die Ozeane dunkler und absorbieren mehr Wärme.

- Der Wasserdampfgehalt der Atmosphäre steigt. Wasserdampf ist ebenfalls ein Treibhausgas.

Die Liste ließe sich deutlich verlängern.

Allerdings weiß niemand so ganz genau, wann und unter welchen Bedingungen diese Prozesse nicht mehr aufzuhalten sind.

Unter dieser Unsicherheit haben die Staaten der Welt auf der Klimakonferenz 2015 in Paris einen grundlegenden Beschluss gefasst:

Sie haben sich dazu verpflichtet, die Erderwärmung im Vergleich zur vorindustriellen Zeit auf

deutlich unter 2 Grad und möglichst auf 1,5 Grad zu begrenzen.
Und dazu, spätestens in der zweiten Hälfte des Jahrhunderts weltweit Treibhausgasneutralität zu erreichen.

Klimaschutz ist teuer, gewiss.
Aber die drohenden Folgekosten einer globalen Klimaerwärmung sind nach Auffassung der meisten Experten um ein Vielfaches höher als die Kosten für den Klimaschutz.

Ein ambitionierter Klimaschutz ist also sinnvoll.
Er „rechnet" sich für die Weltgemeinschaft.

Vor allem aber ist er notwendig, weil sich sonst die Bedingungen

menschlichen Lebens dramatisch
verschlechtern könnten.

Ist er aber auch technisch
möglich?

Klimaschutz ist technisch möglich
– so meine zweite These!

Er erfordert eine
„Energierevolution".
Einen weltweiten Ausstieg aus
fossilen Energieträgern wie Kohle,
Öl und Erdgas.
Und einen Umstieg in CO_2-
neutrale Energie.

Beim ersten Teil dieser
Energierevolution ist die
Menschheit schon ein Stück weit
vorangekommen:
Fortschritte beim <u>erneuerbar
produzierten Strom</u> aus Wind und
Sonne sind unübersehbar.

Teil zwei der Energierevolution
sollte nach Meinung vieler
Experten darin bestehen, fossile

durch CO2-neutrale Gase und Brennstoffe zu ersetzen.
Das kann mit „grünem Wasserstoff" und seinen Derivaten gelingen.

Hinzu kommt: Erneuerbar produzierter Strom braucht einen „Partner", der seine Defizite ausgleicht.
Der ihn also speicherbar, transportierbar, importierbar und in allen Sektoren einsetzbar macht.
Wasserstoff könnte dieser perfekte Partner sein.

Schon Jules Verne hat geschwärmt: „Wasser ist die Kohle der Zukunft".
Später rief Jeremy Rifkin die „Wasserstoffrevolution" aus.

Und heute wissen wir: Wasserstoff
könnte tatsächlich zum „Erdöl des
21. Jahrhunderts" werden.

Aber ist Wasserstoff wirklich der
Stoff, aus dem die
klimapolitischen Träume sind?

Claudia Kemfert vom Deutschen
Institut für Wirtschaftsforschung
hat da große Zweifel.
Sie hält den „Wasserstoff-Ansatz"
für wenig effizient.
Und setzt stattdessen auf
dezentrale Lösungen mit Wind,
Sonne, Wasser, Biomasse und
Geothermie.

Aber unabhängig davon, ob man
ein dezentrales „Kombi-Modell"
oder einen weltweiten
Wasserstoff-Ansatz vorzieht:

Globaler Klimaschutz würde zumindest für eine lange Übergangszeit zu Einbußen beim weltweiten Wohlstand führen, zum globalen Verzicht.

Fest steht aber auch, dass diese Wohlstandseinbußen umso geringer ausfielen, je mehr Alternativen man für ein CO_2-freies Wirtschaften zuließe. Je technologieoffener die Transformation angegangen würde.

Technologieoffenheit lässt unterschiedliche Entwicklungen und Lösungsansätze zu, beispielsweise

- die Vermeidung von CO_2 und das Herausfiltern von CO_2 aus der Luft;
- die Nutzung von Wind- und Sonnenenergie und von Kernenergie;
- die Verwendung des batterieelektrischen Antriebes, der Brennstoffzelle und von synthetischen Kraftstoffen.

Für globalen Klimaschutz gibt es kein Lehrbuch, kein Patentrezept. Deshalb sollte er „Versuch und Irrtum" zulassen.
Und er sollte vor allem auf Innovation und Marktkräfte setzen!

Wie aber ließe sich all das am besten umsetzen?

Ganz einfach: durch einen globalen Emissionshandel!

Ein ehrgeiziger globaler Klimaschutz wäre also nicht nur für die Zukunft der Menschheit notwendig.
Er wäre auch wirtschaftlich vertretbar und technisch machbar.

Und doch ist das Pariser Klimaabkommen gescheitert!
Das Ziel, den Anstieg der Erderwärmung auf 1,5 Grad zu begrenzen, ist nicht mehr erreichbar.
Seit der Industrialisierung ist die globale Temperatur bereits um über 1 Grad gestiegen.
Die 1,5-Grad-Marke werden wir wohl bereits in den nächsten 10 bis 15 Jahren überschreiten.

Deshalb lautet die dritte These:
Wir müssen mit der
Erderwärmung leben!

Der globale CO2-Ausstoß steigt.
Und ebenso der CO2-Gehalt der
Luft.

Warum ist das so?
Warum fassen internationale
Konferenzen Beschlüsse, die die
Staaten dann doch nicht
umsetzen?

Nun, es gibt keine funktionsfähige
Weltordnung!
Keine „Weltregierung" mit starken
Regelungskompetenzen und
Machtmitteln, die Regeln auch
durchzusetzen.

Die Vereinten Nationen können eine Weltregierung nicht ansatzweise ersetzen.
Das ist der wahre Grund dafür, warum die Welt vor einem Klima-Dilemma steht.

Bereits Henry Kissinger hatte eine „Welt in Unordnung" beklagt.
„Die Welt ist aus den Fugen geraten", so später Frank-Walter Steinmeier.

Und daran wird sich wohl so bald nichts ändern.
Denn die beiden Weltmächte, die wir für eine bessere Weltordnung vor allem bräuchten, nämlich die USA und China, werden in Rivalitäten verstrickt bleiben.

US-Außenminister Pompeo rief in einer Rede am 23. Juli 2020 die „Staaten der freien Welt" auf, sich der Bedrohung durch Peking entgegenzustellen.

Henry Kissinger warnt sogar bereits vor militärischen Auseinandersetzungen.
Wer die Lunte am Pulverfass sehen möchte, sollte seinen Blick auf das Südchinesische Meer im Pazifik richten.

Fazit: Unsere Weltordnung heute ist fragiler als in den letzten Jahrzehnten.
Wir stehen vor einem „Totalversagen kollektiver Politik".

Beim Klimaschutz bleiben wir bis auf Weiteres auf das Wohlwollen von Staaten angewiesen.
Vor allem der Staaten, die am meisten Treibhausgase emittieren.

Aber ein solches Wohlwollen scheint es nicht zu geben.
Beispiel China:
Das Reich der Mitte ist der Hauptemittent von Treibhausgasen.
Zwar setzt es auf Wind- und Wasserkraft, aber eben auch auf Kohle.

Die Folge: China stößt mehr CO_2 aus und nicht weniger!

Und während sich Deutschland und Europa aus der Kohle zurückziehen, scheint sich China

an der Finanzierung von
Kohleprojekten in Afrika zu
beteiligen.
So zumindest Greenpeace.
Auch das wäre ein - im Übrigen
besonders negatives - Beispiel
dafür, wie China Abhängigkeiten
schafft.

Bestsellerautor Jonathan Franzen
fragt:
„Wann hören wir auf, uns etwas
vorzumachen?"
Und er fordert:
„Gestehen wir uns ein, dass wir
die Katastrophe nicht verhindern
können."

Hat Franzen Recht?
Jedenfalls spricht vieles dafür.
Ernüchterung macht sich breit.

Zur Ernüchterung gehört auch die
Erkenntnis: Deutschland allein
kann das Klima nicht retten.
Und sollte es deshalb auch gar
nicht erst versuchen.
Denn ein solcher Versuch wäre
zum Scheitern verurteilt.

Das ist meine vierte These: Ein deutscher Alleingang macht keinen Sinn!

Unser Anteil am weltweiten Ausstoß von Kohlenstoffdioxid beträgt 2 % (2018).

Demgegenüber haben die drei größten Emittenten

- China (27,5 %),
- die USA (14,8 %) und
- Indien (7,3 %)

zusammen die Hälfte des globalen menschengemachten CO_2-Ausstoßes zu verantworten.

Gegenüber diesen „CO_2-Supermächten" ist Deutschland klimapolitisch ein „Zwerg".

Selbst wenn Deutschland vollkommen CO2-frei würde, könnte man das auf der Kurve der globalen Emission ohne Lupe kaum erkennen.

Schlimmer noch: Was würde denn eigentlich passieren, wenn wir es mit Erich Kästner hielten: „Es gibt nichts Guts, außer man tut es"?
Und auf das Öl ganz verzichten würden?
Nun, andere Länder würden das von uns verschmähte Öl zu dann gesunkenen Preisen kaufen und verfeuern!

Dann würde sich zwar die Emission <u>Deutschlands</u> verringern, nicht aber der <u>weltweite</u> Ausstoß von Treibhausgasen.

Dem Klima ist es vollkommen egal,
wo auf der Welt emittiert oder
eingespart wird.
Die globale Bilanz ist
entscheidend.

Und die zeigt: Ein Ende des
Ölzeitalters ist nicht absehbar.
Der „Peak of Demand" ist noch
lange nicht erreicht.
Experten gehen davon aus, dass
der Bedarf an fossiler Energie bis
2050 noch steigen wird.

Nun meinen manche, Deutschland
sollte eine Vorreiterfunktion
übernehmen.
Andere Länder würden unserem
Beispiel dann schon folgen.
Aber Vorsicht:
Wer hofft, dass ein Vorreiter
Deutschland die Welt verändert,

der sollte sich umsehen und vergewissern, ob es auch Nachreiter gibt.
Da bin ich eher skeptisch, denn die sind bislang nicht zu sehen.

Auch wenn wir klimapolitisch also nur ein Zwerg sind, so sind wir andererseits doch wirkmächtig genug, um uns selbst „sinnlos" zu kasteien und wirtschaftlich zu „schaden".

Wettbewerbsnachteile als Ergebnis davon führen zu einem „Carbon-Leakage-Risiko".
Das bedeutet, Unternehmen könnten ihre Produktion wegen der gestiegenen Kosten in andere Länder verlagern.
In Länder mit für sie „günstigeren" Emissionsbedingungen.

Das könnte in einem „Worst-Case-Szenario" sogar zu einem Anstieg der Gesamtemissionen führen.
In jedem Falle aber zu einem Verlust von Wertschöpfung, Lebensstandard und Arbeitsplätzen im Inland.

Hinzu kommt das Risiko von „Billigimporten" klimaschädlich hergestellter Produkte.
Dem könnte man zwar grundsätzlich mit Zöllen entgegentreten.
Das ist auf europäischer Ebene auch angedacht.
Nur, dann würden Handelskonflikte drohen.

Zölle bei Verstößen gegen den Klimaschutz sind eher vorstellbar in Wirtschaftsräumen, die deutlich

größer sind als die Europäische Union.
Vor allem in einem Wirtschaftsraum Europa-USA.
Solche Überlegungen scheinen aber aus heutiger Perspektive eher unrealistisch zu sein.

Ein Wirtschaftsraum Europa-Asien wäre zwar ebenfalls grundsätzlich denkbar.
Aber um welchen Preis?
Etwa um den Preis der langfristigen Aufgabe unserer freiheitlichen Werteordnung?
Dann wäre eine Partnerschaft mit Asien der Beginn einer Reise auf dem „Highway to Hell"!

Als einen letzten Ausweg könnte man dann noch staatliche Subventionen sehen.

Etwa für die Stahl-, Zement- und Chemieindustrie, wenn diese grünen Wasserstoff einsetzt, um CO_2 zu vermeiden.

Aber auch hier müssen wir „höllisch" aufpassen.
Denn das könnte nicht nur zu gigantischen Einbußen beim Lebensstandard führen.
Sondern auch den Weg in einen „staatswirtschaftlichen Ökologismus" bereiten.
Und das wäre ein Irrweg.

Ein rein nationaler Klimaschutz könnte Unternehmen und Verbraucher vor Ort belasten und so deren Wettbewerbsfähigkeit und Lebensstandard vermindern, ohne damit einen erkennbaren

Einfluss auf den Klimawandel zu haben.

Das gilt für Deutschland, es gilt aber auch für die EU insgesamt, die zwar einen Anteil von 9,5 % am CO_2-Ausstoß hat, damit aber immer noch weit hinter China und den USA liegt.

Frau von der Leyen hat unlängst proklamiert:
„Der Green Deal ist unsere neue Wachstumsstrategie."
Manche argwöhnen aber, dass er eher zu einer „neuen Verzichtsstrategie" werden könnte.

Um Missverständnissen keinen Raum zu geben:

Wir sollten Klima- und
Umweltschutz betreiben, aber:
mit Vernunft und Augenmaß.
Und das Signal senden:
Wir gehören nicht zu den
„engstirnigen Egoisten" dieser
Welt, sondern zu denjenigen, die
bereit sind, am Klimaschutz
engagiert mitzuwirken, sofern es
dafür genügend relevante
„Mitstreiter" gibt.

Vielleicht kommt es ja doch noch
zu einer „späten Einsicht" auch
der großen „Klimasünder", wenn
das Ende der bisherigen
Zivilisation näher zu rücken droht.

Schon Leo Tolstoi hat erkannt:
"Wir schätzen die Zeit erst, wenn
uns davon nicht mehr viel
geblieben ist."

Hier und jetzt aber sollten wir vor
allem darauf achten,
die Grenzen der „ökologischen
Belastungsfähigkeit" von
Unternehmen und Haushalten
nicht zu überschreiten.
Und die Effizienz der Märkte zu
nutzen und auf
marktwirtschaftliche Anreize zu
setzen: also auf eine CO_2-
Bepreisung.
Ein solcher Weg ist nach
Auffassung der meisten Experten
viel besser, als es kleinteilige
Verbote und Vorschriften je sein
könnten.

In einem Punkt scheint es einen
breiten Konsens zu geben:
Klimafreundliche Verfahren,
Produkte und Dienstleistungen,
die sich auf den Weltmärkten

durchsetzen, machen ökologisch und ökonomisch Sinn!

So wenig wir uns also davon abhalten lassen sollten, einen klugen Kurs in der Klimapolitik zu steuern, so sehr sollten wir uns aber davor hüten, „Klassenprimus" werden zu wollen.

Denn damit würden wir Gefahr laufen, unsere Möglichkeiten völlig falsch einzuschätzen. Uns zu „verheben". Und damit ungewollt gravierende wirtschaftliche und soziale Verwerfungen und im schlimmsten Fall sogar Erschütterungen unserer politischen Ordnung zu riskieren.

Man kann es drehen und wenden,
wie man will:
Der Ansatz der Weltgemeinschaft
ist gescheitert.
Wir werden die Klimaziele
verfehlen.
Egal, was Deutschland macht.

Diese ernüchternde Einschätzung
darf aber nicht dazu führen, dass
wir die Hände in den Schoß legen
und nichts mehr tun.
Sondern wir müssen uns jetzt mit
voller Kraft darauf einstellen, mit
der Erderwärmung und ihren
Konsequenzen bestmöglich zu
leben!

Meine fünfte These:
Wir brauchen eine neue Klima-Realpolitik!

Wir müssen uns neue Ziele setzen.
Ziele, die erreichbar und sinnvoll
sind.
Dazu gehört eine starke und
innovative Industrie.
Denn nur die kann klimaoptimale
Lösungen bereitstellen.

Zu den Zielen für die Zukunft
gehört aber auch mehr
Umweltschutz.
Denn auch in der Umweltpolitik
gibt es eine große Ernüchterung:

Klimafreundlich ist nicht gleich
umweltfreundlich!

So ist etwa Wasserkraft klimafreundlich, aber nicht gut für den Fluss mit seiner Artenvielfalt.
Wer wollte behaupten, Windkraftanlagen seien eine Bereicherung für die Natur?
Und Maisfelder: eine Katastrophe für die Biodiversität!

Alles in allem ist der Naturschutz bislang der große Verlierer der Energiewende.
Klimapolitik ist Landnutzungspolitik.
Denn Energie wird nicht mehr aus der Tiefe, sondern aus der Fläche geholt.
Wir brauchen also eine umweltfreundlichere Energieerzeugung!

Was wir aber vor allem brauchen:

einen Paradigmenwechsel in der Klimapolitik - hin zu einer vorausschauenden Anpassung an die Folgen der unausweichlichen Erderwärmung.

Sie sollte zum „Markenkern" einer neuen Klima-Realpolitik werden. Einer Politik, die die Widerstandsfähigkeit der Umwelt und des menschlichen und sozialen Lebens stärkt.

Für die Gesellschaft ist es allemal besser, erwartbare disruptive Entwicklungen aktiv zu gestalten, als nur passiv darauf zu reagieren.

Deshalb sollten wir jetzt massiv in die Erforschung der Klimafolgen und der Anpassung daran investieren!

Ein Musterbeispiel dafür ist das Zentrum für Klimaresilienz in Augsburg.

Wir brauchen eine neue „Klimaarchitektur".
Aber natürlich kann man dem Klimawandel nicht allein mit hellen Oberflächen, Begrünung und Klimaanlagen begegnen.
Dazu sind seine Auswirkungen viel zu komplex.

Wir müssen uns auf eine Zunahme der Wetterextreme einstellen.
Auf eine Achterbahnfahrt mit Hitzewellen und Niedrigwasser sowie Starkregen und schweren Überflutungen.

Deshalb brauchen wir

- ein zukunftsfähiges Niedrigwasser-, Trockenheits- und Dürremanagement,
- einen robusten Hochwasserschutz,
- eine klimaangepasste Landwirtschaft und
- einen Umbau des Waldes mit klimatoleranten Bäumen.

Auch müssen wir uns darauf einstellen, dass exotische Insekten nach Deutschland einwandern.
Das Dengue-Fieber wird auch bei uns heimisch werden.
Malaria wird sich ausbreiten.
Daran muss sich unser Gesundheitswesen anpassen.

Genauso wie an andere
gesundheitliche Folgen höherer
Temperaturen für den Menschen.

Weltweit wird es Ernteausfälle
und Hungersnöte geben.
Wir müssen uns auf und eine
beispiellose Klimaflucht
vorbereiten.
Aber auch auf Megabrände und
stark steigende Meeresspiegel.
Und auf zunehmende regionale
und internationale Konflikte.

Für all das brauchen wir kreative
Lösungen.

Es gibt also dramatisch viel zu tun.
Packen wir´s an!

Autor

Lothar Thürmer studierte Wirtschaftswissenschaften in Augsburg und Los Angeles.

Der berufliche Werdegang des Autors mit Stationen in mehreren Ministerien hat es mit sich gebracht, dass er im Umfeld prägender Persönlichkeiten und politischer Vordenker arbeiten und lernen durfte. Dazu gehörten auch Franz Josef Strauß und Professor Kurt Biedenkopf.

Heute befasst er sich mit drängenden Zukunftsfragen.

Bisherige Veröffentlichungen bei Books on Demand, Norderstedt

Zur Zukunft Europas in der Welt von morgen, 2019

Zur Zukunft des Klimas. Eine ernüchternde Botschaft, 2020